AF568839

Amélie Boué

Naturseifen selber machen

Amélie Boué

Naturseifen selber machen

Für Gesicht, Körper, Haare, Zähne & Rasur

Mit Fotografien
von Olivier Pravert

Bassermann

Inhalt

Seife selbst herstellen

Seifenrezepte

Anhang

Vorwort

Mit dem Seifemachen habe ich vor nun fast zehn Jahren angefangen – mithilfe eines Buches. Ich wusste damals nicht, ob es mir Spaß machen würde, aber ich hatte mich entschlossen, für meine Haut und Haare keine chemikalienhaltigen Produkte mehr zu verwenden. Außerdem wollte ich eine dauerhafte Umstellung. Ich achtete damals bereits auf eine gesunde Ernährung, und es war für mich der natürliche nächste Schritt, nun auch die Pflegeprodukte zu hinterfragen, die ich damals benutzte.

Ich begann also, mich zu informieren. Ich besorgte mir Literatur zum Thema und studierte die Inhaltsstoffe auf den Etiketten. Für mich wurde dabei immer klarer, dass es an der Zeit war, etwas grundlegend zu verändern. Ich wollte von nun an die Produkte, die ich brauchte oder die mir wichtig waren, selbst herstellen.

Gewappnet mit dem besagten Buch entdeckte ich die Welt der Seifenherstellung nach dem Kaltverfahren. Das war gar nicht so schwierig wie ich gedacht hatte, daher haben mich diese ersten Erfolge darin bestärkt, weiterzumachen.

Inzwischen bin ich seit Jahren meine eigene Seifenproduzentin. Mein Wunsch ist es, nun Ihnen eine Hilfe zu sein. Ich möchte Ihnen zeigen, was für eine tolle Sache die Herstellung von Seife nach dem Kaltverfahren ist.

Es war mir eine besondere Freude, bei diesem Buch mit Olivier als Fotograf zusammenzuarbeiten, und ich hoffe, dass das Ergebnis, das Sie nun in Händen halten, auch Ihnen viel Freude bereitet. Lassen Sie Ihrer Kreativität freien Lauf.

Ich wünsche Ihnen viel Spaß – und viele schöne Seifen!

Amélie Boué

Seife selbst herstellen

Was ist Seife?

Seifenherstellung? Alles nur Chemie!

Seife entsteht durch eine chemische Reaktion, die sogenannte **Verseifung**, nach folgendem Schema:

Fette (Triglyceride)

Natronlauge
(Natriumhydroxid - NaOH)

destilliertes Wasser

Seife (Natriumcarboxylat)

Glycerin

Triglyceride sind in verschiedenen tierischen und pflanzlichen Fetten enthalten:

- in pflanzlichen Ölen, zum Beispiel Olivenöl oder Sonnenblumenöl,
- in Pflanzenbutter, zum Beispiel Sheabutter oder Kakaobutter,
- in tierischen Fetten vom Rind, der Ente oder vom Schwein.

Natronlauge, also in Wasser gelöstes Natriumhydroxid, ist eine starke Base. Der Umgang mit ihr kann gefährlich sein. Sie muss daher mit Vorsicht behandelt werden, was die Kunst der Seifenherstellung zu einer diffizilen Angelegenheit macht. Durch die Verwendung von Natronlauge erhält man eine feste Seife. Auch Pottasche (KoH) kann als starke Base verwendet werden. Das Ergebnis ist dann eine weiche Seife, die sogenannte „schwarze Seife".

Wasser fungiert als Bindemittel und erleichtert das Aufeinandertreffen der Moleküle. Wenn alle Inhaltsstoffe dieselbe Temperatur (+/- 5 °C) haben, begünstigt das die chemische Reaktion. Durch sie entsteht Natriumcarboxylat, eine feste Substanz mit starker Reinigungskraft, sowie natürliches Glycerin, eine flüssige Substanz. Sie ist in der Lage, die Haut und Haare mit Feuchtigkeit zu versorgen. Die Mischung aus Natriumcarboxylat und Glyzerin ist die Seife, wie wir sie aus dem täglichen Gebrauch kennen.

Die Geschichte der Seife

Seife wird bereits seit Tausenden von Jahren eingesetzt. Der Legende nach soll sie entdeckt worden sein, als einer unserer Vorfahren sein Fleisch briet, das tierische Fett auf die Asche (Pottasche) tropfte und ein feiner prähistorischer Regen alles miteinander vermischte ... Kurz gesagt, die Entdeckung der Seife liegt wohl sehr, sehr lange zurück!

Im Lauf der Zeit wurde Seife unverzichtbar. Sie wurde zur Körperpflege, als Waschmittel und zur Aufbereitung von Schafwolle verwendet.

Die verschiedenen Seifenarten

Es gibt zwei Grundmethoden zur Seifenherstellung: das Heiß- und das Kaltverfahren. Wärme beschleunigt die Verseifung. Wenn aber das Gemisch aus NaOH und Wasser erhitzt wird und die Inhaltsstoffe also bei hoher Temperatur vermischt werden, erhält man schneller eine feste Seife, die nicht mehr durchtrocknen muss, und man erzielt höhere Erträge.

Diese Wundertechnik des Heißverfahrens kommt in der industriellen Seifenherstellung zum Einsatz. Ihr Nachteil ist jedoch, dass viele empfindliche Moleküle in den Inhaltsstoffen – vor allem in Öl und Butter – zerstört werden, wenn die Seife zu stark und zu lange erhitzt wird. So gehen ausgerechnet Vitamine, Antioxidantien und unverseifbare Bestandteile verloren, welche die Vorzüge von Seife für unsere Haut ausmachen!

Sämtliche industriell hergestellte Seifen, aber auch Kernseifen, die zwar schonender im Kessel, aber trotzdem erhitzt werden, und Aleppo-Seifen werden im Heißverfahren gewonnen. Ausschließlich handwerkliche Seifensieder arbeiten anders. Um es kurz zu machen: Das Kaltverfahren ist das bessere Verfahren, und ich werde Ihnen erklären, warum!

Seifenherstellung nach dem Kaltverfahren

Wie der Name schon sagt, werden beim Kaltverfahren die Inhaltsstoffe nicht oder nur geringfügig erhitzt. Als erstes wird NaOH in Wasser gelöst und zum Abkühlen zur Seite gestellt. Diese Natronlauge wird dann durch ein engmaschiges Edelstahlsieb gegeben und anschließend mithilfe eines Handmixers mit den Ölen vermischt, was die Verseifungsreaktion in Gang setzt.

Die Verseifung selbst produziert Wärme. Diese ist jedoch sehr viel geringer als die Hitze, die für das Heißverfahren nötig wäre.

Sobald der Seifenleim beginnt, sich zu verfestigen, wird er in eine Form gegeben, wo sich die Reaktion auf natürliche Weise fortsetzt. Die Seife lässt sich in den Tagen nach der Herstellung leicht in Stücke schneiden. Später wird sie zu hart und zerbricht.

Die Seife muss vor dem Gebrauch mindestens vier bis sechs Wochen gelagert werden, damit die überschüssige Feuchtigkeit verdunsten kann und die Seife schön hart wird. Diese Phase bezeichnet man als „Nachreifen".

Diese Methode zeichnet sich durch mehrere Vorteile aus:

- Sie ist umweltfreundlich und einfach, denn es werden kein oder wenig Material und Energie benötigt, um die Inhaltsstoffe zu erhitzen.
- Sie ist schonend und produziert bessere Ergebnisse. Die Eigenschaften der Inhaltsstoffe bleiben so bestmöglich

erhalten, und die Vitamine werden nicht zerstört. Die so gewonnenen Seifen haben daher mehr Vorteile für Haut und Haar. Darüber hinaus wird das Glycerin in der Seife gespeichert, wodurch sie für die Haut sanfter ist!

Die Vorteile von Seife im Vergleich zu anderen Produkten

Seife ist ein vielseitiges Produkt. Es kann für die Reinigung der Hände, aber auch für das empfindlichere Gesicht und den ganzen Körper benutzt werden. Auch als Haarshampoo kann Seife Verwendung finden, und sie ist eine hervorragende Alternative zu Rasierschaum. Sogar zum Zähneputzen eignet sie sich.

Welche Seife sich für welche Haut- und Haartypen eignet, hängt ab von den verwendeten Ölen oder der verwendeten Butter, den hinzugefügten festen oder flüssigen Inhaltsstoffen und der jeweiligen Dosierung. Seife lässt sich in der Form, im Gewicht, in der Farbe, in der Textur und im Duft individuellen Bedürfnissen anpassen. Ändern Sie die Rezeptur ganz nach Ihren Vorlieben!

Ihre selbst gemachte Seife kann außerdem zum Wäschewaschen – und sogar zur Fleckenentfernung – verwendet werden und als Basis für ein hausgemachtes Waschmittel dienen. Sie können sie auch als Haushaltsreiniger für glatte Flächen einsetzen und Ihr Geschirr damit spülen.

Da Seife fest und haltbar ist, ist keine Zugabe von Konservierungsmitteln nötig. Dank ihres basischen pH-Werts liefert Seife wenig Nährboden für Bakterien und ist entgegen vieler Vorurteile sehr hygienisch. Sie kommt ohne Plastikverpackung aus und schont Wasser und Böden.

Was kommt in meine Seife?

Die Grundstoffe

NaOH - NATRIUMHYDROXID

Natronlauge - in Wasser gelöstes NaOH (Natriumhydroxid, auch Ätznatron oder kaustisches Soda) - ist eine ätzende chemische Verbindung, die sehr häufig in Laborprozessen zum Einsatz kommt, besonders in der Papier- und Metallindustrie, in der Reinigung, der Lebensmittelindustrie und eben auch in der Seifenherstellung.

Es gibt mehrere Herstellungsmethoden. Die Quecksilber-Kathode ist das traditionelle Verfahren, das allerdings aufgrund der Umweltauswirkungen des Quecksilbers nach und nach zugunsten des Membranverfahrens aufgegeben wurde. Dieses ist energieeffizienter, weniger umweltbelastend und liefert eine qualitativ hochwertigere Natronlauge. NaOH ist im Baumarkt und in Online-Shops erhältlich.

Wird NaOH in Wasser aufgelöst, werden giftige Dämpfe frei, und es entsteht Wärme. Deshalb ist es wichtig, für ausreichende Belüftung zu sorgen, geeignete Behältnisse und Geräte zu verwenden und unbedingt Schutzbekleidung zu tragen (siehe S. 22-24).

ÖLE UND BUTTER

Theoretisch können alle Fette, die sich in der belebten Welt finden, zur Seifenherstellung verwendet werden. Die Pflanzenwelt bietet uns bereits eine große Auswahl an oft sehr hochwertigen Ölen, aus denen wir auswählen können. Am besten entscheiden Sie sich für Bioanbau oder für ein Fairtrade-Produkt. Manche guten Öle finden sich ganz in unserer Nähe. Wenden Sie sich auf der Suche nach hochwertigen Produkten zum Beispiel an einen Hof- oder Bioladen vor Ort. Auch Unverpackt-Läden sind immer mehr im Kommen und bieten gute Qualität.

Jedes Öl hat seine eigene Zusammensetzung und dadurch bestimmte Eigenschaften. Nehmen Öle bei Raumtemperatur eine feste Konsistenz an, spricht man auch von Butter. Damit Seife nach der Herstellung hart wird, müssen feste Fette dieser Art oder Olivenöl - ein in vielerlei Hinsicht außergewöhnliches Öl - mindestens 50 % des Fettanteils ausmachen.

Bestimmte Öle können zu einem Anteil von 5, 10 oder 20 % bezogen auf die Gesamtmenge der verwendeten Öle verwendet werden. Je nach Ölgemisch besteht die Gefahr, dass

die Seife zu weich, zu ölig oder zu schnell ranzig wird. Deshalb ist es das Beste, sich an ein bestehendes Rezept zu halten, denn dann haben andere für Sie schon die Vorarbeit geleistet. Sie können auch einen Online-Rechner verwenden, mit dessen Hilfe Sie virtuell Ihr Rezept testen können. Sie erhalten dann auch Angaben zum Endprodukt (siehe S. 76).

Im Folgenden finden Sie einige Öle und Buttersorten, die häufig verwendet werden: Olivenöl, Kokosöl, Sheabutter, Sonnenblumenöl, Hanföl, Traubenkernöl, Borretschöl, Leindotteröl, Bienenwachs, Sesamöl, Kakaobutter, Weizenkeimöl, Haselnussöl, um nur einige zu nennen. Auch Palmöl eignet sich sehr gut zur Seifenherstellung, doch leider machen die Herstellungsverfahren und die damit einhergehenden Belastungen für Mensch und Umwelt Palmöl zu einem der größten Feinde des nachhaltigen und fairen Konsums. Für die Rezepte in diesem Buch habe ich mich deshalb bewusst gegen Palmöl entschieden.

Die Zusatzstoffe

FARBGEBENDE INHALTSSTOFFE

Viele natürliche Pigmente können zum Färben von Seife verwendet werden. Tonerden - grüne, rote, weiße, gelbe, rosa, marokkanische und andere - bieten sanfte und natürliche Farbtöne, die in der Seife auch lange anhalten. Doch

Tonerden sorgen nicht nur für Farbe, sondern haben auch spezielle Eigenschaften: Sie wirken lindernd, reinigend und beruhigend.

Auch bestimmte Obst- und Gemüsesäfte sowie einige Kräuter und Gewürze können zum Färben von Seife eingesetzt werden. Kurkuma, Zimt, Kakao, Kaffee, Karottensaft, Spirulina, Chlorophyll und Pflanzenkohle eignen sich, wenn man Gelb-, Grün-, Orange- und Brauntöne erzielen möchte.

TEXTURGEBENDE INHALTSSTOFFE

Damit Seife eine Textur erhält, die wie ein Peeling wirkt, können Samenkörner, wie Anis, Mohn oder Weizen verwendet werden. Auch ein Zusatz von Hafer- oder anderen Getreideflocken bewirkt einen Peelingeffekt. Kaffeesatz ist ebenso wie grobes Salz ein Inhaltsstoff, der sich für eine gut peelende Seife eignet. Experimentieren Sie ein wenig, um die für Sie passende Menge und Körnung herauszufinden!

Vielleicht wünschen Sie sich eine Seife von zarterer Textur. Dann können Sie Inhaltsstoffe, wie Honig, Tier- oder Pflanzenmilch, Obst- und Fruchtsäfte, beigeben.

Je empfindlicher ein Inhaltsstoff, desto später wird er der Seifenmasse beigegeben. Diese goldene Regel ist der Schlüssel zum Erfolg.

DUFTGEBENDE INHALTSSTOFFE

Es gibt verschiedene Möglichkeiten, um der Seife auf natürliche Weise einen Duft zu verleihen. Ätherische Öle und vorgefertigte Duftstoffe werden hierfür hauptsächlich eingesetzt. Mittlerweile sind natürliche, für kosmetische Zwecke hergestellte Duftstoffe erhältlich. Wer möglichst natürliche und regionale Inhaltsstoffe verwenden möchte, ist mit ätherischen Ölen gut beraten. Ihr Einsatz und die damit verbundenen Vorsichtsmaßnahmen sind mittlerweile den meisten Anwendern bekannt. Wenn Sie im Umgang mit ätherischen Ölen jedoch noch nicht erfahren sind, lassen Sie sich am besten beim Kauf beraten. Wir verweisen an dieser Stelle auf die umfangreiche Literatur zu ätherischen Ölen.

Bei der Seifenherstellung ist die richtige Verdünnung sehr wichtig. Die Menge, in der ätherische Öle tatsächlich in der Seife enthalten sind, ist im Vergleich zum Einsatz in der Aromatherapie relativ gering. Dementsprechend können auch die Eigenschaften, die ihnen zugeschrieben werden, wie antiseptisch, entspannend und andere, „verwässert" sein und nur wenig zum Tragen kommen. Den Duft beeinträchtigt das nicht.

Ätherische Öle verleihen ihrer Seife einen sehr angenehmen Geruch. Lavendel, Orange, Bergamotte, Patschuli, Zeder, Geranie ... die Bandbreite ist groß. Wählen Sie aus, was Sie am liebsten mögen! Düfte können auch kombiniert werden. Hierzu gibt es umfangreiche Spezialliteratur.

Ätherische Öle einfach dosieren

35 Tropfen aus einer Flasche entsprechen in etwa 1 g ätherischem Öl.

Die Dosierung der ätherischen Öle kann vom Einfachen bis zum Dreifachen der angegebenen Menge reichen. Es liegt an Ihnen, diese unter Einhaltung der Sicherheitsmaßnahmen nach Ihren Vorlieben zu testen und anzupassen. Sie werden merken, dass die in den Rezepten dieses Buches angegebenen Dosierungen sehr gering sind. Es steht Ihnen frei, sie zu erhöhen!

Bestimmte pflanzliche Inhaltsstoffe haben ebenfalls eine parfümierende Wirkung. Honig und Bienenwachs, Fenchel-, Anis- oder Koriandersamen sowie andere aromatische Gewürze verleihen Ihrer Seife eine zarte „Weihnachtsnote"! Doch auch ganz ohne Zusätze wird sie einen angenehmen Duft verströmen!

Los geht's!

Was Sie brauchen

Stellen Sie sicher, dass Sie sämtliches Material und die erforderliche Schutzausrüstung zur Hand haben, bevor Sie beginnen. Diese Liste hilft Ihnen dabei.

▸ Eine Lebensmittelwaage (mit neuen Batterien!): Sie können auch eine Küchenwaage verwenden, wenn sie eine Feineinteilung in Grammschritten besitzt.

▸ Ein elektrischer Stabmixer: Mit dem Pürierstab lassen sich die Inhaltsstoffe gründlich vermischen.

▸ Zwei Küchen- oder Laborthermometer: Sie benötigen eines für die Natronlauge, um damit die Abkühlung kontrollieren zu können, und eines für das Ölgemisch, das erhitzt wird.

- Eine Edelstahlschüssel, Fassungsvermögen 2–3 Liter: Darin wiegen Sie die festen Fette ab, erhitzen sie und mischen sie mit den festen Zutaten.

- Mehrere Behältnisse aus Edelstahl oder Plastik (1 Liter) mit Ausguss: Diese dienen zum Abwiegen der flüssigen Fette, des Wassers und der Lauge.

- Ein engmaschiges Edelstahlsieb: Hiermit werden ungelöste NaOH-Reste aus der Natronlauge herausgesiebt.

- Silikonspachtel, große Löffel aus Edelstahl, kleine Löffel aus Edelstahl und eine Schöpfkelle

- Lappen

- Latex- oder Spülhandschuhe: Tragen Sie diese während des gesamten Arbeitsprozesses.

- Brille zum Schutz vor Laugespritzern.

- Eine Atemschutzmaske: Diese ist unverzichtbar, wenn Sie die Natronlauge nicht in einem stark belüfteten Raum oder draußen herstellen können.

- Eine Schürze oder Arbeitskleidung

- Formen: Kartonverpackung oder Silikonbackform oder anderes beschichtetes Material

- Ein Messer, einen Seifenschneider oder einen Draht zum Portionieren der fertigen Seife

- Sämtliche Inhaltsstoffe in ausreichender Menge

Ihre Sicherheit

Sie verarbeiten Natronlauge, also einen Reizstoff. Die Verwendung dieses Stoffes erfordert größtmögliche Aufmerksamkeit und größte Vorsicht während des gesamten Verarbeitungsvorgangs.

- Achten Sie darauf, Natronlauge in einem belüfteten Raum (mit offenem Fenster), besser noch draußen zu verarbeiten. Tragen Sie Ihre Schutzausrüstung, während Sie das NaOH (Pulver), die Natronlauge und dann den Seifenleim verarbeiten.

- Geben Sie stets zuerst das NaOH in das Wasser und anschließend die Natronlauge zu den Ölen, damit es nicht spritzt!

▸ Nehmen Sie sich Zeit für die Herstellung und beseitigen Sie sämtliche Störquellen. Sie sollten konzentriert bei der Sache sein, damit die Seife gelingt. Seife herzustellen dauert nicht allzu lang, aber man sollte nicht unter Zeitdruck stehen, denn dann läuft man Gefahr, Fehler zu machen.

▸ Verarbeiten Sie die Inhaltsstoffe nicht im Beisein von Kindern und Haustieren zu deren Sicherheit.

▸ Verwenden Sie keine Behälter oder Geräte aus Aluminium, da dieses mit Natronlauge heftig reagiert.

▸ Halten Sie sich in der Nähe einer Wasserquelle auf, damit Sie bei Bedarf leicht abspülen, reinigen und ausgießen können.

▸ Räumen Sie Ihre Küche frei, damit Sie genug Platz haben und Ihre Alltagsgegenstände vor Spritzern geschützt sind.

Sobald alles griffbereit und in funktionstüchtigem Zustand ist, können Sie loslegen!

Eigene Rezepte kreieren

Folgender Tipp für Anfänger: Erleichtern Sie sich den Einstieg, indem Sie sich an vorhandene Rezepte halten. Wenn Sie mit der Zeit etwas erfahre-

ner werden, können Sie die Rezepte etwas variieren und, falls gewünscht, auch ganz neue kreieren.

Beim Seifemachen ist alles eine Frage der Dosierung, oder, genauer gesagt, des Abwiegens, denn alle Inhaltsstoffe müssen exakt abgemessen werden. Die richtige Menge an Ätznatron hängt ab vom Fettgemisch, das verwendet werden soll.

NaOH UND FETTE

Tipp: Um Ihnen das Leben und das Rechnen zu erleichtern, verwenden Sie Öl in einer Menge, die leicht multiplizierbar ist. Das erleichtert die Berechnung der entsprechenden NaOH-Menge und reduziert das Fehlerrisiko.

Eine andere Möglichkeit besteht darin, einen Online-Rechner zu benutzen. Dieser zeigt Ihnen dann automatisch die passende NaOH-Menge zu Ihrem Ölgemisch an.

Jedes Fett reagiert mit einer anderen Menge Ätznatron. Das ist der Grund, weshalb es notwendig ist, die NaOH-Menge, die beigemischt werden muss, für jede verwendete Fettart einzeln zu berechnen.

In der untenstehenden Verseifungstabelle sind für eine Reihe von Fetten die entsprechenden NaOH-Werte aufgelistet. Sie finden hier alle Fette, die im Buch vorkommen, sowie eine Auswahl anderer Fette.

VERSEIFUNGSTABELLE

Fette	NaOH-Menge auf 1 g Öl (g)	Textur bei Raumtemperatur
Bienenwachs	0,069	fest (sehr hartes Wachs)
Borretschöl	0,136	flüssig
Hanföl	0,135	flüssig
Haselnussöl	0,136	flüssig
Kakaobutter	0,137	fest (Butter)
Kokosöl (Kopraöl)	0,19	fest (festes Öl)
Leindotteröl	0,132	flüssig
Mandelöl	0,136	flüssig
Olivenöl	0,134	flüssig
Rapsöl	0,124	flüssig
Rizinusöl	0,129	flüssig
Schwarzkümmelöl	0,139	flüssig
Sesamöl	0,133	flüssig
Sheabutter	0,128	fest (Butter)
Sonnenblumenöl	0,134	flüssig
Traubenkernöl	0,127	flüssig
Weizenkeimöl	0,131	flüssig

■ **Beispiel 1**
Für eine ausschließlich aus Olivenöl hergestellte Seife (1 kg Olivenöl) benötigt man also:
0,134 × 1000 g = 134 g NaOH.

Um sicherzustellen, dass die Seife keine NaOH-Reste enthält, empfiehlt es sich, die NaOH-Menge um einen bestimmten Prozentsatz zu reduzieren.

Wird die NaOH-Menge beispielsweise um 7 % reduziert, erhält man eine Seife mit einer Überfettung von 7 %, bei der keine Gefahr besteht, dass sie zu viel Natronlauge enthält. Anstelle von 100 % NaOH, verwendet man also 93 %.
Für unser Beispiel ergäbe dies also folgende NaOH-Menge:
134 g × 0,93 = 124,62 g NaOH

Bei der NaOH-Menge rundet man das Gewicht grundsätzlich ab. Beim Öl ist es genau andersherum: Die Grammzahl wird aufgerundet. So ergibt sich eine zusätzliche Sicherheitsspanne, und die Menge kann mit einer klassischen Waage mit Grammangabe abgewogen werden.

Für eine Seife aus 100 % Olivenöl mit einer Überfettung von 7 % verwendet man also bei 1 kg Olivenöl genau 124 g NaOH.

■ **Beispiel 2**
Bei einer Seife, die nicht nur aus Olivenöl, sondern auch aus Sheabutter und Kokosöl besteht, ist die Berechnung ein klein wenig komplizierter. Gehen wir davon aus, dass Sie 500 g Olivenöl, 250 g Kokosöl und 250 g Sheabutter verwenden wollen. Entsprechend der Verseifungstabelle ergibt sich die folgende Zusammensetzung:

- Für das Olivenöl:
0,134 × 500 g = 67 g NaOH
- Für das Kokosöl:
0,19 × 250 g = 47,5 g NaOH
- Für die Sheabutter:
0,128 × 250 g = 32 g NaOH

Dies entspricht einer Gesamtmenge von 146,5 g NaOH.

Soll eine Seife mit einer Überfettung von 8 % hergestellt werden, beträgt die NaOH-Menge: 146,5 g × 0,92 = 134,78 g, d. h. 134 g abgerundet.

Der Überfettungsgrad kann je nach Vorliebe und Verwendungszweck der Seife variiert werden. Je höher die Überfettung einer Seife, desto mehr schützt sie die Haut und umso milder ist sie. Doch je höher die Überfettung, desto schneller wird eine Seife ranzig und lässt sich daher schlecht lagern. Als Faustregel gilt, dass Seifen mit 5 % bis 10 % Überfettung recht fest und sehr sanft zur Haut sind.

WASSER

Die Wassermenge entspricht in der Regel ungefähr einem Drittel des im Rezept verwendeten Fetts. Bei 1 kg Öl und Butter beträgt die Wassermenge rund 330 g.

Fügt man der Seife wasserhaltige Bestandteile hinzu, wie Pflanzenmilch oder Saft, ersetzen diese Komponenten das Wasser ganz oder teilweise.

Die Anleitung Schritt für Schritt

Im Folgenden erklären wir detailliert die verschiedenen Herstellungsschritte. Es ist hilfreich, sich das jeweilige Rezept zu fotokopieren und die erledigten Schritte nach und nach abzuhaken.

Stellen Sie im Vorfeld Ihr Material bereit, bereiten Sie Ihre Formen vor und stellen Sie auch diese bereit.
Ziehen Sie Ihre Schutzausrüstung an (Brille, Handschuhe, Schürze).

1. Wiegen Sie in einem der Behältnisse (aus Edelstahl mit Ausguss) das destillierte Wasser ab und stellen Sie es an einen belüfteten Ort. Legen Sie außerdem einen Esslöffel bereit.

2. Wiegen Sie das NaOH ab, und geben Sie es in das Wasser. Rühren Sie mit dem Esslöffel vorsichtig um, bis sich das Ätznatron vollständig aufgelöst hat. Die Mischung wird dabei warm. Stecken Sie ein Thermometer hinein und lassen Sie sie abkühlen. Um sicherzustellen, dass keine ungelösten NaOH-Reste in der Natronlauge verblieben sind, geben Sie diese durch das engmaschige Edelstahlsieb.

3. Wiegen Sie die festen Fette in einem der großen Edelstahlbehältnisse ab, und erwärmen Sie sie langsam auf dem Herd, bis sie vollständig geschmolzen sind. Erwärmen Sie sie nicht zu stark, um ihre Eigenschaften zu erhalten.

4. Wiegen Sie die flüssigen Öle ab und geben Sie diese zu den geschmolzenen festen Fetten. Kontrollieren Sie die Temperatur dieser Mischung mithilfe des zweiten Thermometers.

5. Wiegen Sie Ihre Zusätze - Tonerde, ätherische Öle und andere - ab, und stellen Sie sie zur Seite.

6. Wenn die beiden Mischungen dieselbe Temperatur erreicht haben (< 45-48 °C), geben Sie die Natronlauge zum Fettgemisch. Rühren Sie dieses mit dem Stabmixer um (dabei den Motor immer wieder an- und ausschalten), bis der Mixer eine Spur in der Masse hinterlässt und das Gemisch puddingartig verdickt.

7. Geben Sie nun empfindliche Zusätze, wie ätherische Öle, Honig, Blütenblätter usw., hinzu.

8. Sobald eine homogene Masse entstanden ist, muss das Gemisch schnell eingeformt werden, damit die Seife nicht zu sehr eindickt. Wenn das Gemisch zu sehr eindickt, kann das Einformen schwierig werden.

9. Die gefüllte Form mit einem Tuch abdecken, damit die Verseifungsreaktion zu Ende ablaufen kann.

10. Sobald die Seife hart ist – durchschnittlich 24 Stunden nach dem Einformen –, kann sie aus der Form genommen und mit einem Messer oder einem Draht (Seifenschneider) geschnitten werden.
Nun beginnt die Trocknungsphase: Diese dauert mindestens vier Wochen an einem trockenen Ort.

Der Schlüssel zum Erfolg

1. Vorbereitung

- Fangen Sie nicht Hals über Kopf mit der Seifenherstellung an!

- Nehmen Sie vorher an einem Workshop teil, üben Sie mit jemandem, der Erfahrung hat, und nehmen Sie sich auf jeden Fall genügend Zeit für die Auswahl des Rezepts sowie für die Vorbereitung des Materials und der benötigten Zutaten.

2. Sicherheit

- Besorgen Sie rechtzeitig die nötige Schutzausrüstung (Handschuhe, Brille, Maske) und tragen Sie diese.

- Bewahren Sie das NaOH an einem geschlossenen Ort außer Reichweite von Kindern und Tieren auf.

3. Einfacher Einstieg

- Wählen Sie zum Einstieg ein einfaches Rezept. Nach und nach können Sie sich auch an kompliziertere Rezepte heranwagen.

4. Zeit

- Nehmen Sie sich Zeit für die Seifenherstellung: Wenn man sich beeilt, passieren schnell Fehler. Machen Sie eins nach dem anderen!

5. Konzentration

- Stellen Sie sicher, dass Sie jeden einzelnen Schritt des Rezepts ausführen, die Reihenfolge einhalten und keine Zutaten vergessen.

6. Materialkontrolle

- Bevor Sie beginnen, stellen Sie sicher, dass Ihre Ausrüstung vollständig und funktionstüchtig ist. Denken Sie an neue Batterien in der Waage, Edelstahlbehältnisse usw.

7. Gute Zutaten

- Achten Sie darauf, qualitativ hochwertige (biologisch angebaute und fair gehandelte) und regionale Zutaten zu verwenden.

8. Gemeinsamkeitserlebnis

▸ Laden Sie Freundinnen und Freunde ein, und machen Sie sich gemeinsam an die Arbeit, denn in einer Gruppe Seife herzustellen, macht besonders viel Spaß!

9. Ausdauer

▸ Sollte das Ergebnis nicht ganz Ihren Erwartungen entsprechen, lassen Sie sich auf keinen Fall entmutigen. Mit der Zeit und mit mehr Übung werden Ihre Seifen immer schöner werden.

10. Selbstvertrauen

▸ Haben Sie Vertrauen in sich: Das Seifemachen ist Übungssache und Sie werden es meistern!

Seifenrezepte

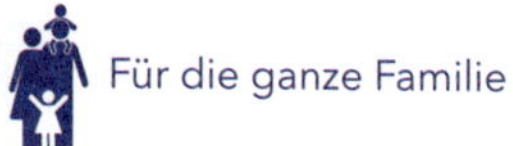

Reine Olivenölseife

Dieses Basisrezept eignet sich ausgezeichnet, um sich mit dem Material und den einzelnen Schritten vertraut zu machen und den Herstellungsprozess kennenzulernen. Als Gaststar, die Königin der Öle: Olivenöl.

INHALTSSTOFFE

1 kg Olivenöl

124 g NaOH

330 g destilliertes Wasser

30 g weiße Tonerde

Wissenswertes

Mit einer Überfettung von 7 % ist diese Olivenölseife sehr sanft zur Haut und bildet relativ wenig Schaum (Es ist nicht der Schaum, der wäscht!).
Weiße Tonerde ist bekannt für ihre lindernden Eigenschaften. Da diese schlichte Seife kein ätherisches Öl enthält, kann sie von der ganzen Familie verwendet werden. Die Trocknung kann über die Mindestdauer von vier Wochen hinausgehen, da die Seife ggf. mehr Zeit benötigt, um langfristig auszuhärten.

1. Wiegen Sie das NaOH ab, lösen Sie es dann in 330 g Wasser auf. Abkühlen lassen.

2. Wiegen Sie das Olivenöl ab.

3. Sobald die Natronlauge Raumtemperatur erreicht hat, geben Sie sie zum Öl hinzu, und verrühren Sie beides, bis eine homogene Masse entsteht.

4. Fügen Sie die weiße Tonerde hinzu, und rühren Sie, bis sich das Gemisch puddingartig verdickt.

5. Einformen und 24 bis 48 Stunden später zerschneiden.

Sanfte Mandelseife

Eine sehr sanfte Seife mit Mandelmilch. Ihr cremiger Schaum pflegt die Haut von Groß und Klein.

INHALTSSTOFFE

750 g Olivenöl
200 g Kokosöl
50 g Süßmandelöl
133 g NaOH
120 g Mandelmilch
210 g destilliertes Wasser

Wissenswertes

Mit einer Überfettung von 8 % erzeugt diese sehr milde Seife dank des perfekten Kokosölanteils in den fetthaltigen Substanzen einen schön cremigen und recht dichten Schaum. Ein wirklich sanftes Pflegeerlebnis für Groß und Klein (ohne ätherisches Öl).

Um das Haar gut auszuspülen und natürlich zu entwirren, empfiehlt sich eine Essigspülung: Dafür einfach ½ Tasse weißen Essig (oder Apfelessig) auf 2–3 Liter Wasser geben!

1. Wiegen Sie das NaOH ab, und geben Sie es in das Wasser. Abkühlen lassen, dabei die Temperatur kontrollieren.

2. Das Kokosöl abwiegen und erwärmen.

3. Wiegen Sie das Olivenöl ab, und geben Sie es zum geschmolzenen Kokosöl.

4. Wenn sich die Temperatur der Natronlauge 40 °C nähert, erwärmen Sie das Olivenöl-Kokosöl-Gemisch langsam auf 40 °C.

5. Geben Sie die Natronlauge zum Ölgemisch, und rühren Sie, bis sich das Gemisch puddingartig verdickt.

6. Geben Sie die Mandelmilch hinzu, und rühren Sie sie unter.

7. Füllen Sie die Seife in die Form.

Ein Traum in Grün

Eine grüne Seife speziell für empfindliche Haut, dank der beruhigenden Wirkung von grüner Tonerde. Passend zum grünen Thema geben wir das bewährte Hanföl und zarten Minzduft hinzu.

INHALTSSTOFFE

600 g Olivenöl
250 g Kokosöl
150 g Hanföl
137 g NaOH
320 g destilliertes Wasser
30 g grüne Tonerde extrafein
4 g ätherisches Pfefferminzöl

Wissenswertes

Mit einer Überfettung von 7% wirkt diese durch und durch grüne Seife sehr beruhigend. Sie kann für Körper und Gesicht verwendet werden, aber auch als Shampoo für normales Haar oder sensible Kopfhaut. Sie eignet sich auch als Rasierseife oder Zahncreme! Kurzum, die perfekte Reiseseife!

1. Wiegen Sie das NaOH ab, und geben Sie es in das Wasser. Abkühlen lassen, dabei die Temperatur kontrollieren.

2. Das Kokosöl abwiegen und erwärmen.

3. Wiegen Sie das Olivenöl ab, und geben Sie es zum Kokosöl.

4. Wiegen Sie das Hanföl ab, und geben Sie es zum Ölgemisch.

5. Wenn sich die Temperatur der Natronlauge 40 °C nähert, erwärmen Sie das Ölgemisch langsam auf 40 °C.

6. Geben Sie die Natronlauge zum Ölgemisch, und rühren Sie, bis eine homogene Masse entsteht.

7. Fügen Sie die grüne Tonerde hinzu, und rühren Sie, bis sich das Gemisch puddingartig verdickt.

8. Geben Sie 4 g ätherisches Öl hinzu, und rühren Sie es unter.

9. Füllen Sie die Seife in die Form.

Honig und Bienenwachs

Ein „Gourmetrezept" mit einem natürlich-köstlichen Duft. In dieser Seife für die ganze Familie steckt alles, was der Bienenstock zu bieten hat!

INHALTSSTOFFE

850 g Olivenöl
100 g Kokosöl
50 g Bienenwachs
125 g NaOH
340 g destilliertes Wasser
(300 g für das NaOH,
40 g zum Auflösen des Honigs)
25 g Honig

Wissenswertes

Diese beruhigende Seife mit einer Überfettung von 8 % kann zur Pflege von Haut und normalem Haar verwendet werden. Das Gemisch muss etwas stärker erhitzt werden, da das Bienenwachs dazu neigt, schnell einzudicken, sobald die Temperatur sinkt.

1. Wiegen Sie das NaOH ab, und geben Sie es in das Wasser (300 g). Abkühlen lassen, dabei die Temperatur kontrollieren.

2. Wiegen Sie das Bienenwachs ab, und bringen Sie es zusammen mit dem Kokosöl zum Schmelzen.

3. Wiegen Sie das Olivenöl ab, und geben Sie es zum Bienenwachs-Kokosöl-Gemisch.

4. Wiegen Sie den Honig ab, und rühren Sie ihn in 40 g lauwarmes Wasser ein.

5. Wenn sich die Temperatur der Natronlauge 47 °C nähert, erwärmen Sie das Ölgemisch langsam auf 47 °C.

6. Geben Sie die Natronlauge zum Ölgemisch, und vermischen Sie alles, bis eine homogene Masse entsteht.

7. Geben Sie den gelösten Honig hinzu, und rühren Sie, bis sich das Gemisch puddingartig verdickt (durch den Honig geht das meist schnell).

8. Füllen Sie die Seife in die Form.

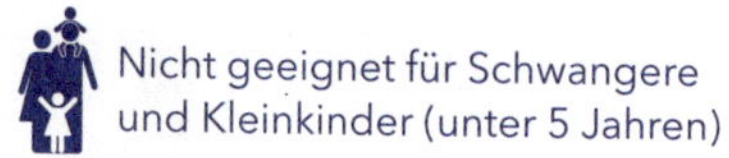

Meeresbrise

**Diese Seife ist ein maritimes Erlebnis.
Man nehme Algen und grobes Salz, und schon fühlt man sich wie am Meer!**

INHALTSSTOFFE

700 g Olivenöl
200 g Kokosöl
100 g Sonnenblumenöl
137 g NaOH
330 g destilliertes Wasser
10 g grobes Salz
5 g Algen (Dulse, Meermischung)
4 g ätherisches Zedernöl

Wissenswertes

Diese Seife mit einer Überfettung von 5 % wirkt durch das grobe Salz leicht peelend. Es kann in den Seifenleim eingearbeitet oder an der Oberfläche belassen werden, damit die Kristalle besser zu sehen sind. Algen sind oft sehr bunt: Das macht bei der Verarbeitung viel Spaß, doch die Farben verblassen in der Seife, wundern Sie sich also nicht! Wenn Ihre Algenstückchen zu grob sind, können Sie sie in einer elektrischen Kaffeemühle zerkleinern, damit sie sich im Seifenleim besser verteilen.

1. Wiegen Sie das NaOH ab, und geben Sie es in das Wasser. Abkühlen lassen, dabei die Temperatur kontrollieren.

2. Das Kokosöl abwiegen und erwärmen.

3. Wiegen Sie das Olivenöl ab, und geben Sie es zum Kokosöl.

4. Wiegen Sie das Sonnenblumenöl ab, und geben Sie es zum Ölgemisch.

5. Wenn sich die Temperatur der Natronlauge 40 °C nähert, erwärmen Sie das Ölgemisch langsam auf 40 °C.

6. Geben Sie die Natronlauge zum Ölgemisch, und vermischen Sie alles, bis eine homogene Masse entsteht.

7. Fügen Sie die Algen und das grobe Salz hinzu, und rühren Sie, bis sich das Gemisch puddingartig verdickt.

8. Geben Sie 4 g ätherisches Öl hinzu, rühren Sie es unter, und gießen Sie die Masse in die Form.

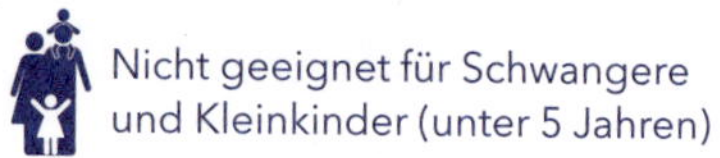

Lust auf Lavendel

Der köstliche Duft von Lavendel verbindet sich hier mit marokkanischer Tonerde. So ist eine sinnliche Entdeckungsreise garantiert!

INHALTSSTOFFE

750 g Olivenöl
200 g Kokosöl
50 g Rizinusöl
136 g NaOH
320 g destilliertes Wasser
30 g Ghassoul (marokkanische Tonerde)
4 g ätherisches Lavendelöl fein

Wissenswertes

Mit einer Überfettung von 6 % ist diese Seife mit Ghassoul, einer Tonerde, die für ihre ausgleichenden Eigenschaften bekannt ist, der ideale Talgregulierer. Sie eignet sich gut als Shampoo für eher fettiges Haar und für Hauttypen, die zu fettiger Haut neigen.

1. Wiegen Sie das NaOH ab, und geben Sie es in das Wasser. Abkühlen lassen, dabei die Temperatur kontrollieren.

2. Das Kokosöl abwiegen und erwärmen.

3. Wiegen Sie das Olivenöl ab, und geben Sie es zum Kokosöl.

4. Wiegen Sie das Rizinusöl ab, und geben Sie es zum Ölgemisch.

5. Wenn sich die Temperatur der Natronlauge 40 °C nähert, erwärmen Sie das Ölgemisch langsam auf 40 °C.

6. Geben Sie die Natronlauge zum Ölgemisch, und rühren Sie, bis eine homogene Masse entsteht.

7. Fügen Sie die Tonerde hinzu, und rühren Sie, bis sich das Gemisch puddingartig verdickt.

8. Geben Sie 4 g ätherisches Öl hinzu, rühren Sie es unter, und gießen Sie die Masse in die Form.

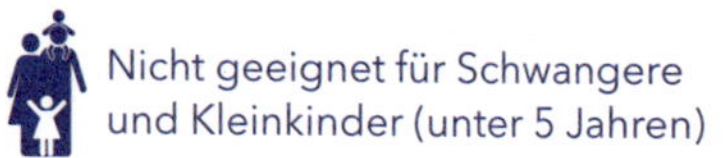

Vitamine tanken

Dieses belebende Rezept steht ganz im Zeichen der Farbe Orange. Karotte, Kurkuma und Zimtduft – und fertig ist die Seife, die Ihnen ein frisches Aussehen verleiht!

INHALTSSTOFFE

650 g Olivenöl
250 g Kokosöl
100 g Sonnenblumenöl
137 g NaOH
210 g destilliertes Wasser
100 g Karottensaft
5 g Kurkuma
1 g ätherisches Zimtöl
4 g ätherisches Süßorangenöl

Wissenswertes

Mit einer Überfettung von 7 % eignet sich diese vitaminreiche Seife besonders gut für die Gesichtspflege. Sie verleiht einen schönen Teint!

1. Wiegen Sie das NaOH ab, und geben Sie es in das Wasser. Abkühlen lassen, dabei die Temperatur kontrollieren.

2. Das Kokosöl abwiegen und erwärmen.

3. Wiegen Sie das Olivenöl ab, und geben Sie es zum Kokosöl.

4. Wiegen Sie das Sonnenblumenöl ab, und geben Sie es zum Ölgemisch.

5. Wenn sich die Temperatur der Natronlauge 42 °C nähert, erwärmen Sie das Ölgemisch langsam auf 42 °C.

6. Geben Sie die Natronlauge zum Ölgemisch, und rühren Sie, bis eine homogene Masse entsteht.

7. Vermischen Sie den Karottensaft und das Kurkuma. Rühren Sie beides unter das Gemisch aus Öl und Natronlauge.

8. Geben Sie die ätherischen Öle hinzu, rühren Sie sie unter, und gießen Sie die Masse in die Form.

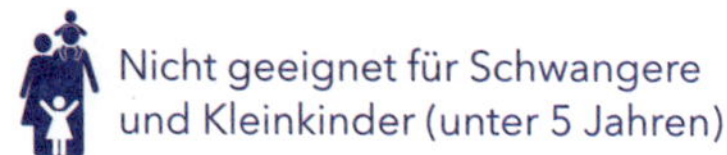

Wie ein Sommergarten

Zaubern Sie den frischen Duft eines sommerlichen Gartens in diese Seife!

INHALTSSTOFFE

700 g Olivenöl
150 g Kokosöl
100 g Sonnenblumenöl
50 g Traubenkernöl
134 g NaOH
220 g destilliertes Wasser
100 g frischer Feigensaft
Eine kleine Handvoll getrockneter Rosenblätter aus dem Garten
2 g ätherisches Bitterorangenöl
2 g ätherisches Gewürznelkenöl

Wissenswertes

Die Überfettung dieser Seife liegt bei nur 5 %, um ein mögliches Ranzigwerden durch das Traubenkernöl zu vermeiden. Feigensaft kann mithilfe eines Entsafters ganz einfach aus den Früchten gewonnen werden.

1. Wiegen Sie das NaOH ab, und geben Sie es in das Wasser.

2. Abkühlen lassen, dabei die Temperatur kontrollieren.

3. Das Kokosöl abwiegen und erwärmen.

4. Wiegen Sie das Olivenöl ab, und geben Sie es zum Kokosöl.

5. Wiegen Sie das Sonnenblumenöl und das Traubenkernöl ab, und geben Sie beides zum Ölgemisch.

6. Wenn sich die Temperatur der Natronlauge 40 °C nähert, erwärmen Sie das Ölgemisch langsam auf 40 °C.

7. Geben Sie die Natronlauge zum Ölgemisch, und vermischen Sie alles, bis eine homogene Masse entsteht.

8. Fügen Sie den Feigensaft und die Rosenblätter hinzu (vorher in der elektrischen Kaffeemühle zerkleinern).

9. Geben Sie die ätherischen Öle hinzu, rühren Sie sie unter, und gießen Sie die Masse in die Form.

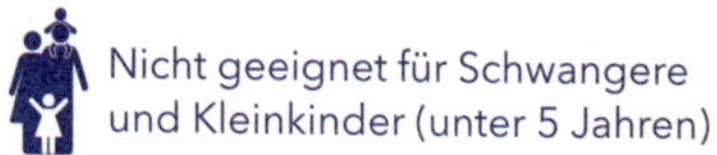

Kaffeepeeling

Peelingfans, Heimwerker mit schmutzigen Händen und Kaffeeliebhaber aufgepasst: Diese Seife ist wie gemacht für Sie!

INHALTSSTOFFE

600 g Olivenöl
200 g Kokosöl
100 g Sonnenblumenöl
50 g Sheabutter
50 g Schwarzkümmelöl
136 g NaOH
330 g gekochter Kaffee, abgekühlt
10 g Kaffeesatz (oder gemahlener Kaffee)
4 g ätherisches Patschuliöl

Wissenswertes

Diese Kaffeeseife mit 6 % Überfettung ist im Kosmetikbereich für ihre desodorierenden und entfettenden Eigenschaften bekannt. Variieren Sie die verwendete Kaffeemenge, um den Peelingeffekt perfekt auf Ihren Hauttyp abzustimmen.

1. Wiegen Sie das NaOH ab, und geben Sie es zum gekochten Kaffee.

2. Abkühlen lassen, dabei die Temperatur kontrollieren.

3. Das Kokosöl und die Sheabutter abwiegen und erwärmen.

4. Wiegen Sie das Olivenöl, das Sonnenblumenöl und das Schwarzkümmelöl ab, und geben Sie es zu der geschmolzenen Butter. Zur Seite stellen.

5. Wiegen Sie den Kaffeesatz ab, und stellen Sie ihn ebenfalls zur Seite.

6. Wenn die Natronlauge und die Öle eine Temperatur von ungefähr 40 °C erreicht haben, geben Sie die Natronlauge zum Ölgemisch, und rühren Sie um, bis eine homogene Masse entsteht.

7. Fügen Sie den Kaffeesatz hinzu, und rühren Sie, bis sich das Gemisch puddingartig verdickt.

8. Geben Sie das ätherische Öl hinzu, rühren Sie es unter, und gießen Sie die Masse in die Form.

Kohlrabenschwarz

Nicht nur die super Optik dieser Kohleseife wird Sie überraschen, sondern auch ihre vielfältigen Einsatzmöglichkeiten!

INHALTSSTOFFE

700 g Olivenöl
200 g Kokosöl
100 g Sonnenblumenöl
135 g NaOH
330 g destilliertes Wasser
5 g pflanzliche Aktivkohle
4 g ätherisches Rosmarinöl

Wissenswertes

Diese Kohlenseife mit 7 % Überfettung reinigt die Haut und kann als aufhellende Zahncreme verwendet werden.
Wenn Sie den Seifenleim in zwei Portionen aufteilen und die Kohle nur unter eine Hälfte mischen, können Sie daraus eine marmorierte Seife herstellen (siehe Seifenrezept „Zweierlei Tonerde", S. 68).

1. Wiegen Sie das NaOH ab, und geben Sie es in das Wasser.

2. Abkühlen lassen, dabei die Temperatur kontrollieren.

3. Das Kokosöl abwiegen und erwärmen.

4. Wiegen Sie das Olivenöl ab, und geben Sie es zum Kokosöl.

5. Wiegen Sie das Sonnenblumenöl ab, und geben Sie es zum Ölgemisch.

6. Wenn sich die Temperatur der Natronlauge 42 °C nähert, erwärmen Sie das Ölgemisch langsam auf 42 °C.

7. Geben Sie die Natronlauge zum Ölgemisch, und vermischen Sie alles, bis eine homogene Masse entsteht.

8. Fügen Sie die Kohle hinzu, und rühren Sie, bis sich das Gemisch puddingartig verdickt.

9. Geben Sie das ätherische Öl hinzu, rühren Sie es unter, und gießen Sie die Masse in die Form.

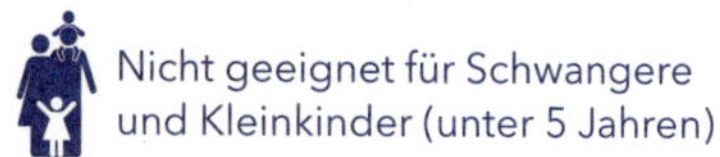

Mikro- und Makroalgen

Überraschen Sie sich und Ihre Lieben mit dieser vitaminreichen grünen Seife!

INHALTSSTOFFE

650 g Olivenöl
250 g Kokosöl
100 g Sonnenblumenöl
137 g NaOH
320 g destilliertes Wasser
(300 g Wasser für das NaOH,
20 g für Spirulina)
10 g Spirulinaflocken
5 g Dulse-Algen

Wissenswertes

Diese Seife mit 7 % Überfettung enthält die Mikroalge Spirulina ein wahres Protein- und Vitaminkonzentrat mit vielen kosmetischen Eigenschaften.
Sie können die Spirulinaflocken in Wasser auflösen oder sie komplett bzw. teilweise in Flockenform verwenden. Dann erhalten Sie eine eher helle, durch Spirulina und die Algen grün gepunktete Seife.

1. Wiegen Sie das NaOH ab, und geben Sie es in das Wasser.

2. Abkühlen lassen, dabei die Temperatur kontrollieren.

3. Das Kokosöl abwiegen und erwärmen.

4. Wiegen Sie das Olivenöl ab, und geben Sie es zum Kokosöl.

5. Wiegen Sie das Sonnenblumenöl ab, und geben Sie es zum Ölgemisch.

6. Wiegen Sie die Spirulinaflocken ab, und geben Sie das Wasser hinzu, damit sich die Flocken komplett auflösen. Zur Seite stellen.

7. Wenn die Natronlauge und die Öle eine Temperatur von ungefähr 40 °C erreicht haben, geben Sie die Natronlauge zum Ölgemisch, und rühren Sie, bis sich alles puddingartig verdickt.

8. Die Algen hinzufügen (im Ganzen oder in der elektrischen Kaffeemühle zerkleinert).

9. Geben Sie die Spirulinapaste hinzu.

Die Extraportion Milch

Seifen mit Milch sind sehr sanft und daher eine Wohltat für empfindliche Haut.

INHALTSSTOFFE

700 g Olivenöl
100 g Kokosöl
100 g Sonnenblumenöl
100 g Rapsöl
130 g NaOH
220 g destilliertes Wasser
100 g Vollmilch

Wissenswertes

Diese Seife mit 6 % Überfettung hat eine schlichte Rezeptur und ist sehr mild. In der Seifenherstellung werden verschiedenste tierische Milchsorten eingesetzt. Sie alle sind gut für die Haut, und es ist nicht nötig, ein Vermögen dafür auszugeben. Verwenden Sie möglichst Biomilch aus der Region. Es können auch pflanzliche Milchersatzprodukte (Mandelmilch, Hafermilch usw.) verwendet werden.

1. Wiegen Sie das NaOH ab, und geben Sie es in das Wasser.

2. Abkühlen lassen, dabei die Temperatur kontrollieren.

3. Das Kokosöl abwiegen und vorsichtig erwärmen.

4. Die Milch abwiegen und bei Raumtemperatur zur Seite stellen.

5. Wiegen Sie das Olivenöl ab, und geben Sie es zum Kokosöl.

6. Wiegen Sie das Sonnenblumenöl und das Rapsöl ab, und geben Sie es zum Fettgemisch.

7. Wenn sich die Temperatur der Natronlauge 40 °C nähert, erwärmen Sie das Ölgemisch langsam auf 40 °C.

8. Geben Sie die Natronlauge zum Ölgemisch, und rühren Sie, bis eine homogene Masse entsteht.

9. Geben Sie die Milch hinzu, und verrühren Sie alles. Die Spurbildung sollte schnell erfolgen.

10. Füllen Sie die Seife in die Form.

Beruhigende Calendula

Diese Calendula-Seife ist perfekt für zarte Babyhaut – dank der heilsamen Ringelblume.

INHALTSSTOFFE

700 g Olivenöl
(mit Ringelblumen angesetzt)
200 g Kokosöl
100 g Sonnenblumenöl
133 g NaOH
330 g destilliertes Wasser

Wissenswertes

Mit diesem Rezept – diese Seife hat eine Überfettung von 8 % – können Sie sich an einem Ölauszug versuchen, mit dem Sie Ihre Öle aufwerten und die Palette an selbstgemachten Seifen erweitern können.

1 Monat vor der Herstellung

1. Geben Sie (frische oder getrocknete) Ringelblumen in einen großen Topf oder eine Flasche.

2. Bedecken Sie die Blüten mit Olivenöl (oder einem anderen Öl), schließen Sie das Behältnis. Lassen Sie das Öl 1 bis 2 Monate ziehen, und rühren Sie es regelmäßig um. Nach dem Filtern (durch einen Kaffeefilter) ist der Ölauszug fertig.

Der Tag X

1. Wiegen Sie das NaOH ab, und geben Sie es in das Wasser. Abkühlen lassen, dabei die Temperatur kontrollieren.

2. Das Kokosöl abwiegen und erwärmen.

3. Wiegen Sie das Olivenöl ab, und geben Sie es zum Kokosöl.

4. Wiegen Sie das Sonnenblumenöl ab, und geben Sie es zum Ölgemisch.

5. Wenn sich die Temperatur der Natronlauge 42 °C nähert, erwärmen Sie das Ölgemisch langsam auf 42 °C.

6. Geben Sie die Natronlauge zum Ölgemisch, und rühren Sie, bis eine homogene Masse entsteht.

7. Fügen Sie ggf. getrocknete (oder frische) Blütenblätter der Ringelblume hinzu.

8. Alles verrühren und einformen.

Nicht geeignet für Schwangere und Kleinkinder (unter 5 Jahren)

Schokogenuss pur

Nicht nur Schokofans kommen hier auf ihre Kosten, auch alle anderen werden der zarten Verführung kaum widerstehen können.

INHALTSSTOFFE

600 g Olivenöl
200 g Kokosöl
100 g Kakaobutter
100 g Haselnussöl
135 g NaOH
330 g destilliertes Wasser
3 Esslöffel fettarmes Kakaopulver
4 g ätherisches Vetiveröl
4 g ätherisches Süßorangenöl

Wissenswertes

Mit 7 % Überfettung ist diese Seife sowohl in der Küche als auch im Badezimmer ein Hit. Man muss etwas mehr Zeit für die Herstellung einplanen, da die beiden Leimteile unterschiedlich verarbeitet werden und die Einformung in zwei Schritten erfolgt.
Der Farbkontrast zwischen den beiden Leimteilen kann durch die Verwendung von (gemahlenem) Kaffee im dunklen Seifenleim noch weiter verstärkt werden.

1. Wiegen Sie das NaOH ab, und geben Sie es in das Wasser. Abkühlen lassen und dabei die Temperatur kontrollieren.

2. Das Kokosöl und die Kakaobutter abwiegen und vorsichtig erwärmen.

3. Wiegen Sie das Olivenöl ab, und geben Sie es zum Kokosöl.

4. Wiegen Sie das Haselnussöl ab, und geben Sie es zum Ölgemisch.

5. Geben Sie die Natronlauge zum Ölgemisch, wenn beides eine Temperatur von 45 °C erreicht hat.

6. Rühren Sie um, bis eine homogene Masse entsteht.

7. Nehmen Sie einen Teil des Seifenleims (ungefähr die Hälfte) ab, und stellen Sie ihn zur Seite.

8. Geben Sie in einen der beiden Leimteile 1 Esslöffel Kakaopulver. Rühren Sie, bis sich das Gemisch puddingartig verdickt. Geben Sie das ätherische Süßorangenöl hinzu, rühren Sie es unter, und füllen Sie die Masse in die Form.

9. Bedecken Sie die Oberfläche des Seifenleims mit 1 Esslöffel Kakaopulver. Mit einem Hand- oder Geschirrtuch bedecken und zur Seite stellen.

10. Bearbeiten Sie nun den zweiten Seifenleim ohne zu starkes Rühren weiter. Geben Sie das Vetiveröl hinzu, und rühren Sie so lange, bis sich das Gemisch puddingartig verdickt.

11. Nehmen Sie das Tuch von der Form, und geben Sie vorsichtig den zweiten Leim auf den ersten.

12. Bestreuen Sie die Oberfläche der Seife mit Kakao.

Aus dem Kräutergarten

Eine aromatische Seife mit einer bunten Kräutermischung!

INHALTSSTOFFE

650 g Olivenöl
(mit Kräutern angesetzt)
200 g Kokosöl
100 g Sonnenblumenöl
50 g Borretschöl
136 g NaOH
330 g destilliertes Wasser
1 Esslöffel getrockneter Majoran, Salbei und/oder Rosmarin
2 g ätherisches Lorbeeröl
2 g ätherisches Geranienöl

Wissenswertes

Diese Kräuterseife hat eine Überfettung von 6 %. Bei Ölauszügen und ätherischen Ölen sind die Möglichkeiten vielfältig. Probieren Sie verschiedene Mischungen aus, und finden Sie Ihre Lieblingskombination!

1. Wiegen Sie das NaOH ab, und geben Sie es in das Wasser. Abkühlen lassen, dabei die Temperatur kontrollieren.

2. Das Kokosöl abwiegen und erwärmen.

3. Wiegen Sie das Olivenöl ab, und geben Sie es zum Kokosöl.

4. Wiegen Sie das Sonnenblumenöl und das Borretschöl ab, und geben Sie beides zum Ölgemisch.

5. Mahlen Sie die getrocknete Kräutermischung in der elektrischen Kaffeemühle, und stellen Sie sie zur Seite.

6. Wenn sich die Temperatur der Natronlauge 42 °C nähert, erwärmen Sie das Ölgemisch langsam auf 42 °C.

7. Geben Sie die Natronlauge zum Ölgemisch, und rühren Sie, bis eine homogene Masse entsteht.

8. Fügen Sie die getrocknete Kräutermischung hinzu, und rühren Sie, bis sich das Gemisch puddingartig verdickt.

9. Geben Sie die ätherischen Öle hinzu, rühren Sie sie unter, und gießen Sie die Masse in die Form.

Nicht geeignet für Schwangere und Kleinkinder (unter 5 Jahren)

Zweierlei Tonerde

Sagen Sie rauer Haut Lebewohl – reichlich Sheabutter macht's möglich!

INHALTSSTOFFE

700 g Olivenöl
100 g Kokosöl
200 g Sheabutter
131 g NaOH
300 g destilliertes Wasser
(200 g Wasser für das NaOH,
50 g für die weiße Tonerde,
50 g für die rote Tonerde)
30 g weiße Tonerde
10 g rote Tonerde

Wissenswertes

Diese Seife mit einer Überfettung von 5 % ist sehr reich an Sheabutter, die die Haut bis in die Tiefe pflegt. Je nach Art der verwendeten Form lassen sich unterschiedliche Marmorierungen kreieren (verwenden Sie zum Beispiel eine flache Form für eine Marmorierung an der Oberfläche). Für Einsteiger gibt es hierzu viele Videoanleitungen im Internet. Beim Entfernen aus der Form erwarten Sie dann überraschende Muster.

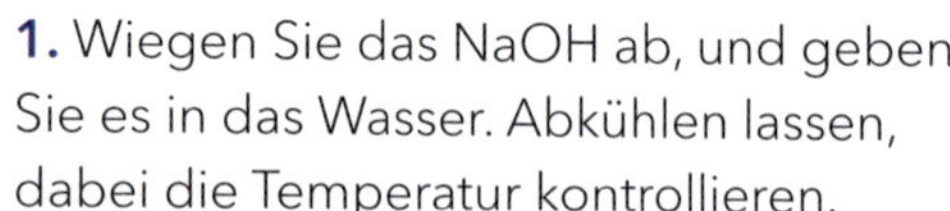

1. Wiegen Sie das NaOH ab, und geben Sie es in das Wasser. Abkühlen lassen, dabei die Temperatur kontrollieren.

2. Das Kokosöl und die Sheabutter abwiegen und erwärmen.

3. Wiegen Sie das Olivenöl ab, und geben Sie es zu der geschmolzenen Sheabutter und dem Kokosöl.

4. Vermischen Sie die rote und weiße Tonerde jeweils mit 50 g Wasser. Zur Seite stellen.

5. Geben Sie die Natronlauge zum Ölgemisch, wenn beide eine Temperatur von 40 °C erreicht haben. Rühren Sie, bis eine homogene Masse entsteht.

6. Geben Sie etwa die Hälfte des Leims in ein anderes Behältnis. Fügen Sie zu dem einen Teil die weiße und zu dem anderen Teil die rote Tonerde hinzu.

7. Verrühren Sie zunächst das weiße Tonerdegemisch, bis sich das Gemisch puddingartig verdickt, und gießen Sie es in die Form.

8. Verrühren Sie dann das rote Tonerdegemisch, bis es sich puddingartig verdickt.

9. Gießen Sie die rote Mischung über den weißen Leim, ziehen Sie ein Zickzackmuster auf dem weißen Leim, und bewegen Sie die Schale dabei auf und ab, damit der rote in den weißen Leim eindringt.

10. Tunken Sie ein Messer oder die Zinken einer Gabel in den Seifenleim, und ziehen Sie damit Linien von einem Rand der Form zum anderen (über Kreuz oder parallel).

Anhang

Glossar

Aleppo-Seife
Eine seit Jahrhunderten nach unverändertem Rezept ohne synthetische Stoffe hergestellte Naturseife. Die syrische Loorbeerseife ist auf Olivenölbasis und nur echt mit ihrer traditionellen Prägung.

Aromatherapie:
Verwendung von aus Pflanzen gewonnenen aromatischen Verbindungen, den ätherischen Ölen, zu medizinischen Zwecken.

Ätherisches Öl:
Konzentrierte und wasserabweisende ölige Flüssigkeit mit flüchtigen aromatischen - also duftenden - Stoffen einer Pflanze. Gewonnen werden ätherische Öle durch mechanische Pressung, Wasserdampfdestillation oder trockene Destillation.

Fett:
Ein aus Molekülen mit wasserabweisenden Eigenschaften bestehender Stoff. Fette bestehen hauptsächlich aus Triglyceriden.

Glycerin oder Glycerol:
Chemischer Stoff mit der Formel $HOH_2C\text{-}CHOH\text{-}CH_2OH$. Es ist eine farblose, dickflüssige und geruchlose Flüssigkeit mit feuchtigkeitsspendenden Eigenschaften, die für viele pharmazeutische und kosmetische Produkte verwendet wird.

KoH:
Kaliumhydroxid, starke Base, mit der durch Verseifung schwarze Seife hergestellt werden kann.

Konservierungsmittel:
Natürlicher oder synthetischer Inhaltsstoff, der die Entstehung von Mikroorganismen, wie Bakterien oder Schimmel, verhindern soll.

Marmorierung:
Mischtechnik für Seifenleim mit unterschiedlicher Färbung, durch die Muster in und auf der Seife erzeugt werden können.

Nachreifen:
Trocknungsphase von Seifen, die nach dem Kaltverfahren hergestellt werden. Beim Nachreifen kann das restliche Wasser, das noch in der Seife enthalten ist, verdunsten.

NaOH:
Der wissenschaftliche Name dieser Substanz ist Natriumhydroxid, auch Ätznatron oder kaustisches Soda genannt. In Wasser gelöst entsteht Natronlauge, eine alkalische, stark ätzende Lösung. Sie ist einer der Hauptbestandteile von Seife.

Ölauszug:
Verfahren zur Anreicherung eines Öls durch den Aufguss von frischen oder getrockneten Pflanzen.

Peeling:
Leichtes Abschleifen abgestorbener Hautschüppchen. Durch eine Peelingbehandlung wird die Haut weicher. Für eine Peelingseife können raue mineralische oder pflanzliche Stoffe eingesetzt werden.

pH-Wert:
Messung der Aktivität von Wasserstoffteilchen auf einer Skala von 1–14, die den sauren oder basischen Charakter einer Lösung angibt. Seifen haben einen natürlich basischen pH-Wert (9–10).

Spurbildung:
Eindickungsstufe des Seifenleims, wenn die Geräte eine Spur an der Oberfläche des Leims hinterlassen.

Tonerde:
Ein Gesteinsmaterial mit natürlicher Färbung. Die verschiedenen Tonerden bieten eine große Farbpalette in der Kosmetik und haben jeweils unterschiedliche Eigenschaften.

Überfettung:
Öl- oder Butterüberschuss in der Seife, durch den ihre pflegenden Eigenschaften verstärkt werden.

Unverseifbare Verbindung:
In Fetten enthaltenes Molekül, das von der Verseifungsreaktion unverändert bleibt und zur wohltuenden Wirkung von Seife für die Haut beiträgt.

Verseifung:
Hydrolyse von Fett (Fette oder Öle) in basischem Milieu durch eine Base, in der Regel durch Kaliumhydroxid (KoH) oder Natriumhydroxid (NaOH). Diese Reaktion ermöglicht die Seifenherstellung.

Häufig gestellte Fragen

MEINE SEIFE HAT KEINE SCHÖNE KONSISTENZ!

▸ **Sie ist zu weich: Es wurde zu viel Wasser oder zu viel Öl verwendet.**
Lassen Sie die Seife länger trocknen (zwei bis drei zusätzliche Wochen) und versuchen Sie es noch einmal. Normalerweise sollte Ihre Seife nun aushärten. Falls nicht, dann haben Sie wohl einen groben Fehler bei den Mengenangaben gemacht.

▸ **Sie ist zu bröckelig: Es wurde nicht genug Wasser oder zu viel NaOH in der Mischung verwendet.**
Testen Sie den pH-Wert mit einem pH-Messgerät oder einem pH-Streifen. Er muss basisch sein (zwischen 8,5–10,5). Sie können auch den „Zungentest" machen. Brennt die Seife auf der Zunge, dann ist sie kaustisch (zu niedriger pH-Wert). Sollte das nach mehreren Wochen Trockenzeit noch der Fall sein, verwenden Sie die Seife nicht.

▸ **Sie ist zu flüssig: Es bildet sich keine Spur beim Verrühren.**
Hier ist Ausdauer gefragt, Seifenleim benötigt manchmal viel Zeit. Sollte sich allerdings nach einer Stunde keine Spur bilden, haben Sie einen Fehler bei den Mengenangaben gemacht. Leider lässt sich das nicht mehr beheben.

MEINE SEIFE HAT EINE UNREGELMÄSSIGE STRUKTUR MIT WEISSEN KRISTALLEN.

Wenn diese Kristalle kaustisch sind (sie brennen!), bedeutet das, dass die Seife NaOH-Kristalle enthält. Sie können die Seife nicht verwenden.

IN MEINER SEIFE SIND FLÜSSIGKEITSEINSCHLÜSSE.

▸ Dies kann daher kommen, dass sich eine der verarbeiteten Flüssigkeiten schlecht mit dem Rest verbunden hat. Das ist ungefährlich, aber unansehnlich. Verrühren Sie Ihre Seife beim nächsten Mal besser.
▸ Es könnte auch von der Natronlauge kommen, die nicht gut untergerührt wurde: In diesem Fall ist die Seife nicht verwendbar.

MEINE SEIFE WIRD AN EINIGEN STELLEN GELB.

Die Seife ist ranzig geworden: Entweder ist sie überfettet – überschüssiges Fett wird ranzig –, oder sie wurde an einem feuchten Ort, einem Ort mit starken Temperatur- und Feuchtigkeitsschwankungen oder einem unbelüfteten Ort aufbewahrt.
Es handelt sich hierbei vor allem um ein ästhetisches Problem, das den Geruch der Seife, aber nicht ihre Waschleistung beeinträchtigen kann. Es ist also nichts Schlimmes!

Weiterführende Tipps

ONLINE-REZEPTRECHNER

www.SoapCalc.net (auf Englisch)
www.tuula-seifen.de/seifenrechner.php

INTERNETSEITEN MIT ALLGEMEINEN INFORMATIONEN UND MATERIALIEN

www.dragonspice.de/naturkosmetik.html
www.kunstpark-shop.de/seifengiessen/

ONLINE-GRUPPEN ZUM AUSTAUSCH UND ZUM TEILEN DER ERFOLGE

„Seifensiederinnen / Seifensieder" (Facebook)
www.pinterest.de/Seife selber machen

NÜTZLICHE BÜCHER

Kettenring, Maria M., *Ätherische Öle*, München 2020
Duménil, Sara, *Natur pur – Kosmetik selber machen*, München 2020

WORKSHOP-ANGEBOTE

Zero-Waste-Gruppen in Ihrer Region, die Workshop-Angebote veröffentlichen: www.zero-waste-deutschland.de
Seifenmacher in Ihrer Region, die Schnupperkurse und Workshops für Interessierte veranstalten.

Register

Impressum

ISBN 978-3-8094-4472-5

3. Auflage 2023

Die Originalausgabe erschien auf Französisch unter dem Titel
Do it nature. Savons

Fotos: Olivier Pravert, außer S. 10, 13, 20–21, 75, 77
Illumotive Innenteil: Shutterstock

Projektleitung dieser Ausgabe: Dr. Iris Hahner
Producing: SAW Communications, Redaktionsbüro Dr. Sabine A. Werner, Mainz
Übersetzung: SAW Communications, Gesa Mattiesch
Lektorat: SAW Communications, Dr. Sabine A. Werner und Mia Keßler
Satz: SAW Communications in Zusammenarbeit mit alles mit Medien, Anke Enders, Sprendlingen
Umschlaggestaltung: Atelier Versen, Bad Aibling
Herstellung: Elke Cramer

Penguin Random House Verlagsgruppe FSC® N001967

Druck und Bindung: Alföldi Nyomda Zrt., Debrecen

Printed in Hungary